Warum bildet sich auf
Pudding eine Haut?

Warum lässt Hefe
den Teig grösser werden?

Warum wird Sahne steif?

Wie funktioniert
Sonnencreme?

Warum sind Kanaldeckel
in der Strassenmitte rund?

Warum können wir
auf Eis rutschen?

Warum beschlägt
eine Brille?

Warum können Schiffe aus Eisen schwimmen?

Warum steigen Flammen
immer senkrecht nach oben?

Warum zünden Streichhölzer
sich nicht in der Schachtel an?

Impressum

Band 4 der Reihe
„Was Kinder wissen wollen“
Velber Verlag

10. Auflage 2008

Illustrationen: Detlef Kersten
Coverfoto: Olaf Junker
Fotos: Thomas Geiger (21); Olaf Junker (11); Ulrich Niehoff (25, 39, 41); Photodisc (15, 31); Bernd Schellhammer (9, 13, 33); Albert J. Schmidt (19); Heidi Velten (27); Reinhard Wilde (29); istockphoto (7, 17, 23, 35, 37, 43, 45)

Text und Redaktion: Ulrike Berger
Bildredaktion: Katja Foggin
Layoutentwurf: Christoph von Herrath
Layout: Anja Schmidt
Druck und Bindung: Zanardi, Italien

ISBN 978-3-86613-201-6

Wie kommen die Streifen in die Zahnpasta?

Verblüffende Antworten aus dem Alltag

velber

Wie findet Seife den Schmutz?

Wasser hat eine Haut. Diese Haut ist so fest, dass auf einem Teich kleine Insekten laufen können, ohne einzusinken!
Seife zerstört diese Haut. Dadurch wird das Wasser noch flüssiger und beweglicher – und kann alles viel nasser machen. Denn jetzt kann es bis in die kleinsten Poren der Haut eindringen und den wasserlöslichen Dreck weg spülen.
Aber es gibt auch Fettflecken. Und nur mit Wasser gehen diese Flecken nicht weg. Wasser und Öl mögen sich nämlich nicht.

Seife vollbringt deswegen noch ein zweites Kunststück: Die winzigen Seifeteilchen setzen sich ganz dicht um ein Öltröpfchen. So entsteht eine kleine Seifenkugel, in deren Mitte sich das Fetttröpfchen versteckt. Das Wasser außen bemerkt das Öl nicht und spült die Seifenkugel weg.

Ein Experiment:
Eine dieser Wirkungen von Seife kannst du gut beobachten:
Nimm ein Glas Wasser und lege ganz, ganz vorsichtig eine Nähnadel auf das Wasser. Das geht am besten mithilfe einer Pinzette. Die Nadel schwimmt auf der Wasserhaut! Jetzt fügst du wenige Tropfen Spülmittel hinzu – und schon „reißt" die Haut des Wassers ein und die Nadel versinkt sofort.

Warum klingt meine Stimme vom Kassettenrekorder so komisch?

Die Art, wie deine Stimme normalerweise für dich klingt, ist etwas ganz Persönliches. Nur du selbst hörst deine Stimme so! Für alle anderen klingt deine Stimme ganz anders.
Du selbst hörst deine Stimme, weil der Ton durch deinen Schädelknochen und deine Muskeln am Kopf direkt in dein Ohr kommt. Andere Leute hören deine Stimme erst, wenn sie durch die Luft zu ihrem Ohr gewandert ist. Das verändert den Klang.

Wenn du deine Stimme auf dem Kassettenrekorder hörst, ist sie vorher durch die Luft gewandert. Also klingt deine Stimme jetzt fast so, wie andere Menschen sie hören! Sie ist nur technisch ein bisschen „verzerrt“...

Sing-A-Long
Kassetten-Rekorder
TIEFEN
HÖHEN

Wie kommen die Streifen in die Zahnpasta?

Kurz hinter der Tubenöffnung ist ein kurzes Rohr. In der Fabrik wird von hinten Zahnpasta in die Tube gefüllt. Dabei kommt zunächst nur die farbige Creme in die Tube – ganz wenig, bis zum Ende dieses kleinen Röhrchens. Dann erst wird die Tube mit weißer Creme aufgefüllt. Das kleine Röhrchen hat am Rand der Länge nach kleine Ritze – genau so viele, wie farbige Streifen auf der Zahnpasta sind.

Drückst du nun auf die Tube, schiebt sich die weiße Creme mitten durch das kleine Röhrchen hindurch. Gleichzeitig werden durch den Druck dünne farbige Streifen durch die Schlitze in das Röhrchen gedrückt.

Kurz vor der Tubenöffnung legen sich diese farbigen Streifen auf die Weißcreme. Egal, wo du auf die Tube drückst – es klappt immer.

Wenn du das genauer anschauen willst, schneide einfach eine leere Tube ganz vorsichtig auf der Seite auf und guck dir das Innere an!

Warum klebt Klebstoff?

Kleben heißt, dass sich zwei Gegenstände miteinander verbinden. Wenn du zwei Glasplatten aufeinander legst, scheinen sie ganz eng beieinander zu liegen. Unter dem Mikroskop sieht man aber, dass sie sich nur an wenigen Stellen wirklich direkt berühren. Wenn du etwas Wasser zwischen die beiden Flächen gibst, füllt das Wasser alle Lücken und Löcher zwischen den beiden Platten.

Und plötzlich ist die Verbindung stark, dass die beiden Platten aneinander kleben – nur mit Wasser! Wasser verdampft aber nach einiger Zeit. Dann sind die Löcher wieder leer und die beiden Platten fallen wieder auseinander.
Um so etwas zu verhindern, gibt es richtigen Klebstoff. Er wirkt wie das Wasser, verdunstet aber nicht. Denn er wird ganz hart, wenn er an die Luft kommt und trocknet. Und die dichte Verbindung zwischen den beiden Platten bleibt bestehen.

Übrigens:

Das erklärt auch, warum Klebstoff nicht in der Tube klebt: Denn solange keine Luft in die Tube kommt, trocknet er nicht! Erst wenn du die Tube offen lässt, wird der Klebstoff hart – und verklebt die ganze Tube.

ALLESKLEBER
Der transparente Kraftkleber

Warum brennen Glühbirnen – und wann brennen sie durch?

In der Glühbirne ist eine kleine Drahtspirale, die Glühwendel genannt wird. Wenn Strom durch diesen Draht fließt, wird er sehr heiß, fast 2500 Grad! Er glüht und beginnt daher zu leuchten. Eigentlich müsste der Draht dabei auch brennen. Aber in einer Glühbirne ist keine Luft, sondern ein spezielles Gas, zum Beispiel Halogen. Oder die Birne ist völlig luftleer. Und ohne den Sauerstoff aus der Luft glüht der Draht nur und kann nicht verbrennen.
Trotzdem brennen die Glühbirnen manchmal nach vielen Stunden durch. Das liegt an dem Material, aus dem der Glühwendel besteht. Es ist Wolfram. Wolfram lässt sich besonders hoch erhitzen. Aber ein klein wenig Wolfram verdampft bei dieser Hitze doch. Nach vielen, vielen Stunden wird daher der Wolframfaden immer dünner. Und irgendwann ist er so dünn, dass er reißt – und die Glühbirne ist kaputt.

Wie kommen die Löcher in den Käse?

Wenn Käse reift, werden Eiweiß und Milchzucker umgebaut. Das geschieht durch Bakterien. Die Bakterien fressen den Milchzucker und das Eiweiß. Dabei entsteht das Gas Kohlendioxid – die Bakterien „pupsen“ sozusagen.
Kohlendioxid ist das gleiche Gas, das die Bläschen in der Cola verursacht. Bei Flüssigkeiten wie Cola können die Gasbläschen nach oben steigen. Aber im Käse bleiben die Gasbläschen stecken, denn er ist zu fest.
Und so drücken die Gasbläschen im Käse herum und bilden dabei, wenn sie sich treffen, immer größere Löcher. Erst wenn der gesamte Milchzucker aufgegessen ist, herrscht endlich Ruhe im Käse und die Löcher werden nicht mehr größer.
Und damit ist auch klar, warum in weichem Käse keine Löcher sind – denn durch weichen Käse kann das Kohlendioxid hindurch.

Warum poppt Popcorn?

Vielleicht habt ihr es schon selbst ausprobiert: Ein bisschen Popcorn-Mais mit Öl in einen heißen Topf schütten, Deckel drauf – und dann platzen die kleinen gelben Körner mit lautem Knall. Heraus kommt leckeres weißes, weiches Popcorn. Aber wieso eigentlich?
Mais hat eine feste Schale. Innen ist er weich und ein bisschen feucht. Wenn Mais heiß wird, wird auch das Wasser innen im Korn heiß. Es wird langsam zu Dampf und braucht dadurch mehr Platz. Also drückt der Dampf so lange von innen an die Maiskornschale, bis – popp! – das Maiskorn explodiert. Die harte Schale platzt und das weiche Innere dreht sich nach außen. Am besten funktioniert das mit speziellem Popcorn-Mais.

Wie kommt die Marmelade in den Berliner?

Wenn ein Bäcker Berliner oder Krapfen, wie sie auch heißen, macht, formt er zunächst Kugeln aus Hefeteig. Diese werden dann auf jeder Seite drei Minuten in einem heißen Fettbad gebacken. Nachdem beide Seiten gebacken sind, bleibt in der Mitte ein heller Streifen.
Jetzt erst wird der Berliner mit Marmelade gefüllt. Dazu wird eine Marmeladenspritze in den hellen Streifen am Berliner gesteckt und die Maschine gibt einen Klecks Konfitüre in den Krapfen.

Übrigens:
Je nachdem, wie tief die Spritze in den Berliner gesteckt wurde, sitzt die Marmelade genau in der Mitte oder etwas am Rand. Die Einspritzstelle kannst du in dem hellen Streifen erkennen!

Warum sind manche Eier braun und andere weiß?

Es gibt viele Experten, die zu erklären versuchen, welche Hennen braune und welche Hennen weiße Eier legen. Sicher ist eines: Es hängt von der Rasse des Legehuhns ab.
Je nach Rasse legen die Hühner entweder immer weiße Eier oder immer braune Eier!
Manche Experten sagen, dass Hühner mit roten Ohrläppchen braune Eier legen, Hennen mit weißen Ohrläppchen weiße Eier.
Das stimmt aber nur für die wenigen Rassen, die in Legebatterien gehalten werden.
Auf Höfen, auf denen die Hühner frei herumlaufen dürfen, werden viele verschiedene Rassen gehalten. Und hier stimmt die Regel nicht mehr.
Es gibt also kein eindeutiges Merkmal am Huhn, an dem man sicher erkennen kann, wie das gelegte Ei aussehen wird!

1'60 €
1'10 €

Warum wird ein Ei beim Kochen hart ...?

... und warum wird eine Kartoffel beim Kochen weich?
Ein Ei besteht zum großen Teil aus Eiweißen. Diese Eiweiße haben eine bestimmte Form. Du kannst sie dir als winzige Wollknäuel vorstellen. Wenn das Ei erhitzt wird, verändern die Eiweiße ihre Form. Die Wollknäuel rollen sich auf und die einzelnen Fäden beginnen zu verwirren und sich miteinander zu verkleben. Sie bilden eine Art Netz. Dadurch werden das vorher flüssige Eiweiß und das Eigelb fest. Je länger das Ei gekocht wird, desto fester wird das Netz. Das geht so lange, bis alle Knäuel zu einem ganz dichten Netz geworden sind. Und das Ei ist hart.

Kartoffeln bestehen aus anderen Bestandteilen: aus Zucker, Stärke und unlöslicher Zellulose, einer Art Gitternetz. Zucker und Stärke lösen sich beim Kochen in Wasser auf. Aber die Zellulose, die wie ein festes Netz in der Kartoffel sitzt, löst sich nicht auf. Sie wird durch hohe Hitze nur schwach und schlaff – also wird eine Kartoffel beim Kochen weich!

Warum bildet sich auf Pudding eine Haut?

Nicht alle mögen die ledrige Haut, die sich beim Abkühlen auf dem Milchpudding bildet. Diese Haut entsteht, weil an der Oberfläche Flüssigkeit verdampft.
Pudding besteht hauptsächlich aus Flüssigkeit, Stärke und Zucker. Wenn die Flüssigkeit an der Oberfläche verdampft, bleibt die Mischung aus Stärke und Zucker zurück. Und das ergibt eine etwas klebrige, zähe Masse – die Haut auf dem Pudding.

Diese Haut wird immer dicker, je länger der Pudding offen stehen bleibt.

Übrigens:

Wenn du diese Haut vermeiden willst, legst du vor dem Abkühlen einfach eine Folie auf den Pudding. Dadurch kann keine Flüssigkeit aus der Schüssel verdunsten – und es bildet sich keine Haut!

Warum lässt Hefe den Teig größer werden?

Schau dir einmal eine Scheibe Brot genauer an oder schneide einen gerade gegangenen Hefeteig mit einem Messer durch. Siehst du die ganzen Luftblasen, die im Brot oder im Teig sind? Diese Luftblasen sind durch Hefe entstanden. Denn Hefe ist lebendig. Hefe ist ein Pilz und ernährt sich von Zucker.

Wenn die Hefe den Zucker aufisst, bildet sie dabei ein Gas namens Kohlendioxid. Da das Gas nicht aus dem Teig entweichen kann, bilden sich Luftblasen. Beim Backen im Backofen wird die Hefe zerstört. Aber die Luftblasen, die bleiben und machen das Brot oder den Hefezopf so locker!

Diosna

Warum wird Sahne steif?

Sahne besteht aus Wasser und vielen kleinen Fettkügelchen. Diese Fettkügelchen sehen aus wie winzige Stecknadelkissen. Normalerweise schwimmen diese kleinen Fett-Nadelkissen jedes für sich durch das Wasser: Die Sahne ist flüssig.

Wenn die Sahne geschlagen wird, passiert Folgendes:
Ganz viele dieser winzigen Fett-Nadelkissen setzen sich auf eine Luftblase, bis von der Luftblase nichts mehr zu sehen ist: Die Luft ist völlig eingeschlossen. Dann schwimmt dieser große Luftballon durch das Wasser. Aber weil es immer mehr von diesen großen Luftballons aus Fett-Nadelkissen gibt, haben sie bald nicht mehr genug Platz im Wasser – und können nicht mehr schwimmen. Die Sahne ist steif!

Wie funktioniert Sonnencreme?

Sonnenlicht kann deine Haut verbrennen. Denn Sonnenlicht hat eine große Brennkraft.
Sonnencremes schützen auf zwei Arten: Entweder sie enthalten winzige Teilchen, die sich als dünne Schicht über die Haut legen und nur wenig Licht durchlassen.
Oder sie bestehen aus einem Stoff, der die meiste Brennkraft der Sonne einfach verbraucht. Bis die Sonnenstrahlen dann zu deiner Haut kommen, sind sie ganz schwach.
In beiden Fällen schützen die Cremes nur eine Zeit lang, dann heißt es: Raus aus der Sonne!

PARAGUAY

Warum sind Kanaldeckel in der Straßenmitte rund?

In der Mitte der Straße sind alle Kanaldeckel rund. Das hat einen einfachen Grund: Denn nur so können die Kanaldeckel nie in den Schacht hineinfallen!
Nur am Rand der Straße, genau am Bordstein, macht man eine Ausnahme, damit das Wasser besser von der Straße abfließen kann.

Ein Experiment:

Das kannst du zu Hause ausprobieren. Nimm einmal ein Marmeladenglas: Es wird dir nie gelingen, den Deckel in das Glas fallen zu lassen. Jetzt nimm aber einen Schuhkarton: Obwohl der Deckel größer ist als der Karton, ist es kein Problem, den Deckel diagonal (also wie in der oberen Zeichnung zu sehen) in die Schachtel hineinzustecken!

Warum können wir auf Eis rutschen?

Wenn du Schlittschuh läufst, rutschst du nicht wirklich auf Eis, sondern du rutschst genau genommen auf Wasser.
Und das kommt so:
Nur die dünnen Schlittschuh-Kufen berühren das Eis. Genau auf diese kleine Fläche drückt also dein ganzes Gewicht.
So entsteht ein sehr hoher Druck. Die Oberfläche des Eises direkt unter den Kufen schmilzt durch den Druck ein kleines bisschen. Dadurch bildet sich ein hauchdünner Wasserfilm – auf dem du gleiten kannst!

Warum beschlägt eine Brille?

Hast du eine Brille? Dann kennst du das Problem. Du spielst im Winter draußen, und kaum kommst du ins warme Haus – siehst du nichts mehr, weil deine Brille beschlagen ist!
Wenn du im Freien bist, nimmt deine Brille die Temperatur von draußen an. Sie wird also kalt.

Sobald du ins Haus trittst, berührt die warme Luft deine eiskalte Brille und kühlt dadurch ab. Und weil kalte Luft nicht so viel Feuchtigkeit speichern kann wie warme Luft, fällt Feuchtigkeit aus der abgekühlten Luft heraus. Daher bilden sich ganz winzige Wassertröpfchen auf deiner Brille – sie beschlägt!

Warum können Schiffe aus Eisen schwimmen?

Gegenstände, die du ins Wasser tauchst, schieben so viel Wasser beiseite, wie sie Platz für sich brauchen. Schwimmen können nur Dinge, die leichter sind als die Wassermenge, die sie verdrängen.
Leichter als Wasser sind Holz oder ein mit Luft gefüllter Wasserball. Schwerer als Wasser ist eine Kugel, die ganz und gar aus Eisen besteht. Deshalb können Steine oder auch Eisenkugeln nicht schwimmen.
Ein Schiff schiebt ganz viel Wasser zur Seite, wenn es eintaucht. Es ist groß und schwer und aus dickem Eisen gebaut. Mit seinen hohen Seitenwänden kann es aber ganz tief ins Wasser eintauchen und sehr viel Wasser zur Seite verdrängen. Dieses Wasser, das vom Schiff verdrängt wird, ist viel schwerer, als das Schiff selbst. Denn innen ist das Schiff hohl!
Deshalb kann es auf dem Wasser schwimmen, ohne unterzugehen.

Ein Experiment:

Eine Knetkugel taucht sofort in einer Wasserschale unter. Formst du aber ein Boot aus der Knetkugel, verdrängt die gleiche Menge an Knete viel mehr Wasser – und dein Knetboot schwimmt auf dem Wasser!

DA QIANG

Warum steigen Flammen immer senkrecht nach oben?

Egal, wie wir eine Kerze drehen oder wenden, die Flammenspitze zeigt immer nach oben. Das hängt damit zusammen, dass warme Luft leichter ist als kalte Luft. Und darum steigt die warme Luft immer nach oben. Das ist ein Gesetz der Natur.

Die Kerzenflamme erwärmt die Luft, sodass diese nach oben steigt. Dabei zieht sie die Flammenspitze mit nach oben. Gleichzeitig strömt kühlere Luft am Rand der Flamme entlang wieder nach unten. Diese Luft wird unten durch die Flamme erwärmt und steigt wieder nach oben – und der Kreislauf beginnt von neuem.

Warum zünden Streichhölzer sich nicht in der Schachtel an?

Früher ist es manchmal passiert, dass Streichhölzer sich in der Schachtel selbstentzündet haben. Denn früher war auf den Streichholzköpfchen Phosphor. Phosphor ist ein chemischer Stoff, der sich bei geringer Reibung entzündet. Haben sich die Hölzchen in der Schachtel aneinander gerieben, entstand so plötzlich eine Flamme.

Heute ist Phosphor nur in der Reibefläche. Reibt man mit dem Streichholz darüber, so entstehen kleine Funken, die ausreichen, um den Streichholzkopf zu entzünden. Deshalb kannst du Streichhölzer auch nur an der Reibefläche anzünden – und zum Beispiel nicht mehr, wie in alten Filmen manchmal zu sehen ist, an Schuhsohlen ...

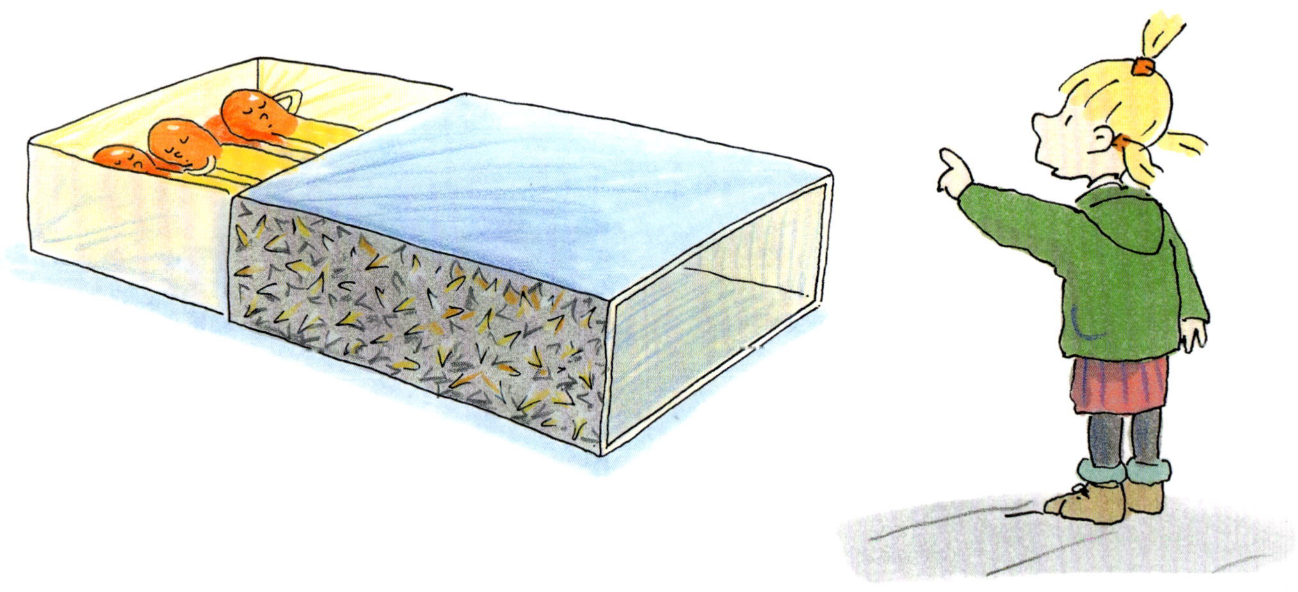

Was Kinder wissen wollen

In der Reihe „Was Kinder wissen wollen“ sind bereits folgende Titel erschienen:

Was wäscht der Waschbär?
Verblüffende Antworten aus der Tierwelt
ISBN 978-3-86613-072-2

Woher kommen Blitz und Donner?
Verblüffende Antworten über Himmel und Erde
ISBN 978-3-86613-073-9

Warum haben wir zehn Zehen?
Verblüffende Antworten über den Körper
ISBN 978-3-86613-200-9

Wie kommen die Streifen in die Zahnpasta?
Verblüffende Antworten aus dem Alltag
ISBN 978-3-86613-201-6

Hatten Dinos Karies?
Verblüffende Antworten über die Saurier
ISBN 978-3-86613-239-9

Woher weiß der Toast, wann er fertig ist?
Verblüffende Antworten aus dem Alltag
ISBN 978-3-86613-240-5

Wie viele Höcker hat ein Kamel?
Verblüffende Antworten aus der Tierwelt
ISBN 978-3-86613-256-6

Wie spült die Klospülung?
Verblüffende Antworten über Technik
ISBN 978-3-86613-257-3

Können Schmetterlinge hören?
Verblüffende Antworten über kleine Tiere
ISBN 978-3-86613-227-6

Was spuckt ein Vulkan?
Verblüffende Antworten über Naturgewalten
ISBN 978-3-86613-228-3

Wo ist im Weltalll oben und unten?
Verblüffende Antworten über den Kosmos
ISBN 978-3-86613-237-5

Warum knallt die Knallerbse?
Verblüffende Antworten über Pflanzen
ISBN 978-3-86613-238-2

Wie kommt der Ritter in die Rüstung?
Verblüffende Antworten über das Mittelalter
ISBN 978-3-86613-270-2

Wie macht die Kuh die Milch?
Verblüffende Antworten über den Bauernhof
ISBN 978-3-86613-269-6

Können Fische rülpsen?
Verblüffende Antworten über das Meer
ISBN 978-3-86613-282-5

Warum hat ein Bagger Zähne?
Verblüffende Antworten über Baustellen
ISBN 978-3-86613-283-2

Warum stinkt der Käse?
Verblüffende Antworten über Essen und Trinken
ISBN 978-3-86613-293-1

Warum tragen Indianer Federn?
Verblüffende Antworten über Indianer
ISBN 978-3-86613-294-8

Wann darf der Lokführer aufs Klo?
Verblüffende Antworten über die Bahn
ISBN 978-3-86613-524-6

Wo beginnt der Regenbogen?
Verblüffende Antworten über Himmel und Erde
ISBN 978-3-86613-507-9

Wie schnell ist die Feuerwehr?
Verblüffende Antworten über die Feuerwehr
ISBN 978-3-86613-523-9

Frieren Pinguine an den Füßen?
Verblüffende Antworten über Eis und Schnee
ISBN 978-3-86613-525-3

Wie kommt der Fisch in die Stäbchen?
Verblüffende Antworten aus dem Alltag
ISBN 978-3-86613-533-8